무수한 기억의 숲

경남시인선 241

무수한 기억의 숲

김근 제3시집

도서출판 경남

시인의 말

나무는 고난과 역경 속에서
밤낮으로 가지를 뻗어 하늘을 받아들이고
자연에 맞서 사는 경지에 이르렀으나
아수라장 세상에 살아서나 죽어서
모든 것을 내려놓고도 의연하다

길 잃은 시 한 구절
세상에 풀어놓는다는 것은
몇 그루의 생명을 보시해야만 되는 것

삶의 방도가 저러해야만 하느니
5월 신록으로 우거진 숲
무수한 기억의 숲에
안간힘에 매다는 글자 하나하나
싱싱한 잎이 되어 깃발처럼 펄럭이면 좋겠다

2025. 5. 송파松波 김 근

| 차례

시인의 말 • 5
시인의 노트 • 113

제1부

쇠목재의 봄	12
거울 호수	13
붉은 장미에 대한 기억	14
잉걸불	15
그대라는 이름은	16
느낌	17
사랑하는 사람이 있다는 건	18
꽃에 대하여 그대는 모르오	19
봄날에 찾아온 그대	20
봄 불	21
그리움	22
프러포즈	23
미워지지 않는 인연에게	24
목련꽃	26
고추밭	28
지심도에 동백꽃 피면	30

제2부

좋은 일	34
틈	35
눈물이 때로는 나를 가르치더라	36
빨랫줄에 젖은 삶으로 매달려	37
가슴 한 뼘	38
붕어빵	39
퇴출	40
그리움 그리고 외로움	41
운명	42
피아골의 11월	43
까치밥	44
후회	45
사막	46
갈등	48
고로쇠	49
흔적	50
동백꽃	52
앞들 논에 봄빛이 들면	54

제3부

첫차 같은 사람   56

꽃   57

봄날의 선택   58

죽음의 도미노   59

청어가 미라가 되던 날   60

전어를 떠올리며   61

태풍   62

동토에도 복수초는 핀다   63

산동마을의 봄   64

오색으로 그린 수채화   65

억새   66

구절초   68

내 마음은 당신 것입니다   70

가을이 전하는 말   72

내가 가는 길   73

독도   74

정암鼎巖에 가면   75

창밖의 5월   76

낙동강이 울던 날   77

원효암 가는 길   78

제4부

어떤 날	80
장날에 대한 기억	82
개사초改莎草	84
소회所懷	86
고향 집 감나무	87
겨울밤	88
어느 김 씨의 프롤로그	90
풍경 소리	92
핏줄	93
외할머니	94
부음訃音	96
선영에 모시던 날	98
빈 처가	99
묵정밭	100
신발이 나에게	101
우리 집 정원에 사는 것들	102
자화상	104
거울	106
윤회	108
아버지의 고향	110
얼음굴	112

제 1 부

쇠목재*의 봄

바람과 햇살이 넘나드는 쇠목재
흰 산등성이에 연분홍 색실을 꿴
햇살이 한참 수를 놓고 있더이다

수작에 홀린 춘정이
산정으로 벌겋게 기어오르고
재재 목청 높인 수꿩이 산정만 살피더이다

자굴산과 한우산 어깨 건 두 봉우리
허심한 화심은 몸 단 산에 봄바람으로 부채질하고
봄볕은 타는 속을 더욱 붉게 태우고 있더이다

*쇠목재: 의령 자굴산과 한우산 사이의 고갯마루.

거울 호수

가만히 들여다보시오
하늘이 들여다보는 세상
흔들지는 마시오

세상을 담고 있는 거울 위에선
바람마저 발끝을 세운다오
돌은 던지지 마시오

수양버들 늘어진 가지
심지 굳은 당신 유혹하는 듯
구름도 지켜봄을 하늘은 알고 있소

세상은 가만히 있는 당신께
관심이 참 많은가 보오
밤이면 별도 달도 내려 본다오

붉은 장미에 대한 기억

젊은 날
장미 가시에 찔려 열꽃을
앓은 적이 있었다

아담과 이브가 사탄의 유혹에
안목의 정욕을 뿌리치지 못하고
지은 원죄처럼 끌어안고 비틀거린 날이 있었다

황홀한 모습에 취해
가시를 못 본 어리석음으로
허심했던 사연이 상처가 될 줄 몰랐다

오월 정원에 장미가 필 때면
가슴에 머물다 간 그때의 가슴앓이가
추억으로 피어나 다시 간절한 안부를 묻고 싶다

잉걸불

막연히 떠올린 그 사람이
불씨인 줄 모르고
헛된 욕망의 날갯짓이
가슴 태우는 불꽃이 될 줄 몰랐습니다

선뜻 다가설 수 없었던
그리움과 설렘으로 살을 붙이고
어둠이 첩첩이 가라앉은 고독의 섬에서
이렇게 몸부림칠 줄 몰랐습니다

아! 별빛이 쏟아지던 밤
영혼이 외로웠다는 걸
사랑을 말해야 할 때 사랑을 말하지 못한
잊었다고 여겼던 그 말이 속 태울 줄 몰랐습니다

그대라는 이름은

그대라는 이름은
심장 한가운데를 겨냥한 과녁이다

세상 멀리 북극성처럼
방향을 잃지 않고 찾아갈
어둠 속에 반짝이는 등대이다

함부로 피지 않았다
햇빛과 바람과 시간으로 피워 올리는 생을 적시는
사랑이 마르지 않는 깊은 샘물이다

그대는
아스라한 어둠살 속에서
심지 하나로 어둠을 태우는 뜨거운 불씨이다

느 낌

소리만으로도
알겠습니다 바다인 줄
소리만으로도
파도란 것을요

느낌만으로도
알겠습니다 바람인 줄
느낌만으로도
봄바람인 것을요

눈을 감아도
알겠습니다 꽃이란 걸
눈을 감아도
당신의 향기란 것을요

사랑하는 사람이 있다는 건

사랑이 있다는 건
어두운 세상 빛이 될 신앙 하나를 섬기는 것이다

사랑할 수 있는 사람이 있다는 건
홍련처럼 천년이 지나도 싹 틔울 마음이 있다는 것이다

사랑할 수밖에 없다는 건
내가 너보다 더 너의 깊은 눈에 빠진 것이다

너를 사랑하는 건
이유가 있어서가 아니다 말보다 마음에 빠진 이유다

사랑을 알지 못하는 사람은
불행한 사람이다

꽃에 대하여 그대는 모르오

꽃봉오리 부푼 꿈
그대는 모르오

남몰래 발갛게 벗고
찬 바람에 쌩쌩 매 맞은 날 있었소
치열한 그리움 마음에 담고
아무도 눈길 주지 않았던 날
참고 기다린 날 수없이 있었소
긴 겨울을 견뎌내고 살아 빛나는
전통 있는 축제장에 초빙된
환호의 중심에서 눈시울 붉히며
느닷없이 사랑에 빠진 날
당신은 초야에 촛불 한 자루 태우고
화장을 지우는 기쁨도 잠깐
외마디 비명으로 여좌천에 던지는 꿈

시선에서 지는 꽃의 마음
정녕 그대는 모르오

봄날에 찾아온 그대
―수선화

으스름 봄밤
초록 화관 쓰고 흙을 밀고 올라온 그대는
꿈속에 찾아온 첫사랑 같구려

청초한 미소 머금은 그대는
촛대 한 쌍에 불 밝히고
합근례의 술잔을 받아든 봄날의 신부 같구려

참으로 가난한 내 앞에
면사포 속에 보이는 당신은
동토의 나라 민중을 깨우는 여신 같구려

봄 불

한 번이라도
꽃이 되고 싶지 않았다면
사랑 없는 사람이다

활짝 핀 꽃에
내려앉고 싶지 않았다면
욕망 없는 사람이다

봄날에
사랑 한번 해 보고 싶지 않았다면
진정 불행한 사람이다

꽃은 피고 볼 일이다
꽃엔 내려앉고 볼 일이다
무조건 불 질러 보고 말 일이다

그래야 봄이다
그제야 세상은 더 많은 꽃이 피고
조랑조랑 달고 있는 저것들의 세상이 된다

그리움

윤리와 도덕으로 무장한 감옥 앞에서
노을빛 서산을 바라보며
몸부림치다가

너로 인하여 알게 된 세상
오직 한 번만 보면 여한이 없다는
속에서 간절히 치미는 것

아프고 아프다가 마음에 굳은살 박인
그 세월이 진하게 발효된 후
저물녘 서산 하늘에 걸리는 개밥바라기

프러포즈

내 나이 스무 살이면
수작 한번 걸어보겠네

땅속에서 이글이글 끓고 있는
불덩이 끄집어내어
쥐불놀이라도 하겠네

언젠가는
용암으로 굳어질 일이지만

먼 별빛만큼 멀어진 세월이더라도
어찌 바람만 탓하리
마음에 꺼지지 않는 청춘이 있네

누군가의 빈 가슴 불 댕길 수 있다면
숯불이 되고 재가 될 때까지
이글이글 마음 하나는 태울 수 있겠네

미워지지 않는 인연에게

느닷없이 멱살을 잡아끄는 고독이
뜨거운 피처럼 전신을 타고 돌아
캄캄한 가슴 엿볼 때마다
잡힐 듯한 거리에서
너에게로 가는 길은 영원처럼 멀었다

너를 열망하던 오만한 순간들이 사랑이라는 걸
잊은 채 사랑하는 나의 몰염치한 사랑
때로는 내 심장 태우는 뜨거운 피를 퍼담아
근접 못 한 너의 우뇌에 쏟아
길이 꺼지지 않을 고독에 불 밝혔던 순간들

다시 그 옛날 닿지 못했던 곳으로
휘휘 불어대는 바람길 따라 조각배에 몸 실어
천천히 그 먼 인연의 바다에 다다르면
심장 헐떡이며 끓인
질식된 사랑은 던져 버리리

끝없는 무지의 한바다 속에
백중사리 때만 볼 수 있는
쉽게 입에 올리지 못한 섬 하나
모순의 와중에 금빛 그물로
다시는 건져내지 않으리라

목련꽃

불을 켜야지
누구라도 등불을 달아야지
까칠한 바람이 숨 몰아쉬는 나목을 뭇매질하고
험한 고초와 풍파를 견디며
아무도 가 보지 못한 생의 여정에서 헤매는 것들
각자도생이 자욱한 세상 깊은 궁리 속에
새로운 도전은 항상 불안하고 초조하지만
아직 눈물 마르지 않은 슬픔이 있으나
어느 것 하나 세상에 섣불리 나서지 못한다면
세상은 저절로 좋아지지 않는다
슬픔은 언제나 아리고 아픔은 쓰라린 거다
아직 깨어나지 못한
저 희미한 기척들과 함께 가야 하나니
어쩔 수 없다고 포기할 수 없지 않으냐
한니발도 나폴레옹도 비밀스럽게
아무도 예상치 못한 알프스를 넘었다
누군가는 앞장서서 충성가를 부르고
힘찬 깃발을 흔들며 촛불을 밝힌다면
진부한 겨울은 무너지고 세상에 봄이 오리라

험한 세상 선봉으로 나선다는 것 힘든 일이지만
초개같이 목숨 던질 담대한 기개로
아픈 자리마다 내거는 등불
세상의 봄은 꽃이 피어야 비로소 봄이다

고추밭

천성이 부지런한 아내
초록 아침 이슬을 털며
배중탕을 끓이던 정성으로
팔방으로 수소문해 만든 친환경 약제
젖병처럼 담아 들고 고추밭에 간다

천지도 모르는 철없는 어린것들
오월 찬연한 햇살에 일찌감치 꽃이 폈지
타관 험지로 세간 챙겨 내보낸 자식처럼
세파에 쓰러질까 곧은 쇠말뚝에 붙들어 매고
매운 연기 가득한 세상
밤낮 갖은 해살로 잔병치레는 않는지 발걸음 잦다

오뉴월 타는 목마름에 피던 꽃도 숨을 죽이고
버티던 네가 힘에 겨워 지치면
마시던 물 한 모금 나눠 마시며
그래도 잘 견디며 어느새 이만큼
자랑하듯 한 살림 차렸구나

그 많은 자식 허리 휘도록 거느리고
한여름 뙤약볕에 너는 너대로 힘들어
속으로 매운맛 들었구나
아내는 속 끓인 때를 애써 숨긴 듯 눈시울 붉히며
바구니 한가득 거두는 한때 세상은 참 맵다

지심도에 동백꽃 피면

지심도에 동백꽃 피면
마음 아려 못 가겠네
간절함에 응어리진 눈 못 감고 뒹구는 꽃
어이 밟고 지나가리

인어 한 마리 바다로 돌아가지 않고 기다리는 섬
고양이 푸른 눈빛을 달고 어두운 바다로 떠난 사내
돌풍 같은 마파람에 너울은 수심보다 높은 파도로
수평을 잃고 난파된 사랑
신은 없었다 어디에도 신은 없었다
파도는 가슴벽 치며 애쓰고 다독이지만
슬픔은 살아있는 자의 가슴에 지옥으로 화석 되고
밤낮 속내를 흔드는 파도 소리
 치열한 그리움 속에서 수없이 그렸다 지우는 이유에 닿
지 못한 채

속 끓인 붉은 정념
하늘 같은 사랑 죽도록 받들지 못한 여한에
생목숨 던져 두 눈 뜨고 땅바닥에 귀를 기울이면
눈멀도록 우는 동박새 어이하리

제 2 부

좋은 일

참는 것이 이기는 것
입이 그렇고
손발이 그렇다

불편하고 아쉬움을 극복하는 것
나를 빛나게 한
노력이 그렇고

누군가와 함께하는 것
기쁠 때 함께 기뻐하고
슬플 때 함께 슬퍼하는 진심이 그렇다

마음에 좋은 기억을 가지는 것
아주 오랜만에 만난
친구의 악수가 그랬다

누군가에게 버팀목이 된다는 것
언젠가는 나팔꽃이
세상을 향해 꽃 나발을 불 수 있다는 것이다

틈

사랑이라 말할 때
저만치에 외로움이 기다린다.

행복에 취해 있을 때
문 앞에서 불행이 서성거린다.

본디 생이 그런 것이다

기쁨과 슬픔으로 혼합된
한 잔의 칵테일을 마시고
우리는 내일을 꿈꾼다

그 틈새로 엿보는 희망 한 자락
아직도 살아볼 가치가 있다고
먼지 쌓인 호사가 수군거린다.

눈물이 때로는 나를 가르치더라

살다 보면 왜 없겠나 빛과 그늘이
실패자의 무너져 내린
마음의 상처
짜디짠 한 바가지 눈물인 것을

스스로 선택했던 과거
가로 세로 정리될 수 없는
지우지 못할 시퍼런 문신이 되어
천둥 번개로 번득이는 날

태어남과 죽음 사이에서
죽기보다 힘든 날 한바탕 울고 나면
살기보다 힘든 날이
하늘같이 맑아질까

아픔도 세월에 묻히면
다 잊을 텐데
세상이 잘못 되었다고
나도 따라 잘못 살 수는 없지 않은가

빨랫줄에 젖은 삶으로 매달려

삶은 언제나 무겁게 느껴지고
졸라매도 늘어지고 처지는 것이라서
세상에 제대로 된 삶을 산다는 건
매 순간 팽팽한 긴장 하나 조율하며 살아야 한다.

바지랑대로 힘든 너를 떠받치는 것이 아닌
나를 위해 젖고
너를 위해 젖은
마를 날 없는 삶을 붙잡고 일으켜 세우는 것이다

날개가 퇴화해버린 집게가
줄지어 꽁무니를 쳐들고 있는 건
지친 네 곁을 지켜주기 위해서가 아니라
바람 앞에 걱정 하나 덜기 위해서이다

살아간다는 것은 온 세상에 퍼지르고 놀던
날갯짓에 지친 날들이 균형을 잡고
햇살과 바람에 맞서 외줄을 타고
어름사니처럼 한낮 땡볕을 건너야 하는 것이다

가슴 한 뼘

손바닥만 한 작은 가슴
들여다보면 넓다

오욕칠정이 숨어
뜨기도 가라앉기도 하는 신비한 요술단지

언행에 따라
흐렸다 개였다
눈과 입에 풍년 흉년이 나기도 하는 곳

진실도 살고 거짓도 살며
웃음도 있고 눈물도 있는
가슴 한 뼘

넓은 세상 다 품으면서
사람 마음 하나 담지 못하는 속
들여다보면 참 좁다

붕어빵

물속은 그 어디라도 길을 잃지 않고
살아가는 네 세상이었지만
살다가 우연히 길을 잃으면
뼈와 살을 도륙당한 채
죽음이라는 이름으로 일체를 버리고
또 다른 세상으로 찾아가야 하느니

걸쭉한 반죽으로 틀 속에 갇혀
단팥 고명 한 숟가락으로
움푹 파인 이승의 허기진 배를 채우고
연탄불 달구어진 틀 속에 현기증으로 뒤집히는
진땀 뺀 뻐근한 몸부림으로 굳은 채
세상 밖으로 자신을 다 내어주어야 하느니

퇴 출

쾌속 회전하는 세상에 지쳐 소리치는 것들
멍키 스패너 왕진 가방 챙겨 들고
풀었다 조였다 상처 부분 쓰다듬고
한여름 같은 열기에 땀에 흠뻑 젖었던 하루

참 오래도록 대들보마냥
내 평생 위에 심혈 기울여 쌓아 올린 탑
뜨거운 열정 멈추면 내 인생 미완인데
이제는 특별한 기억마저 거머쥔 손을 놓아야 하는
문명의 이기 앞에 던지는 희망 포기각서

인생의 활기를 북돋우던 열정까지
유통기한 지난 상품으로 내려놓는
비극적 서곡 앞에 침잠하며
청맹과니의 세상은 변두리 고물상에 버려진
네모난 사진틀 속에 갇힌 슬픈 초상肖像

그리움 그리고 외로움

너 때문에
드리워진 그림자

그리고
느닷없이

너 없어
찾아온 어둠

운 명

세상에 평등한 것이 있느냐
세월이 가면 기우는 것
너의 선택이 다르고
나의 판단이 달랐음을 그때는 몰랐지

태산 같은 삶에 정성을 쏟아도
죽고 못 살던 사랑도
누구는 웃음이 되고
누구는 눈물이 됨을 몰랐지

사람 사는 일이 이토록 눈물겹다는 걸
처음부터 알았더라면
오지 않았을 길
여기까지 올 줄 몰랐지

살다가 힘든 사람은 지옥이지만
힘들다가 살 만한 사람은 천국인 세상
인생은 깊게 생각하면 서글프다
살아 있어 꾸는 꿈 잘못되어도 용서하고 살아야지

피아골의 11월

누가 지른 불인가
희나리에 마른 가슴 올려놓고
봄여름 모진 풍파
녹색 꿈에 견디며 살아온 날
다비장 연화대에 화목으로 쌓아놓고
그 위에 한세월 업장 소멸 기도 중인 피아골

햇볕이나 바람이나
달빛이나 구름이나
좋다 싫다 소리 없는 무상보시
감사한 줄 모르고
살가운 것 몰랐던
그것 다 내려놓으면 모두 껍데기

붉게 붉게 태워야지
살아서 짊어진 거추장스러운 나부랭이
모난 삶 다듬어 주던 세월까지
단풍 저리 붉게 타는 날
미련 없이 놓아야지
안간힘에 붉어진 손바닥

까치밥

감나무 가지마다 제 팔다리 휘어잡고
흥부네 자식처럼 남달리 우애롭게 매달려
해살 놓는 한여름 변덕에도 으쓱거리며
단단히 버텨낸 근육들

공중에 생울음 울어대는 가을 찬 바람에
기죽은 나뭇잎은 푸르렀던 날의 어깨를 내리고
제 발등을 덮고 서서
한 해 소임을 다했노라 주인장 불러놓고
가지마다 걸린 붉은 노을로
잔칫상 거하게 차려내고
긴 장대 끝에 남겨진 인정 무른 감 몇 개

후회

실핏줄로 얽히고설킨 마음속의 길
살면서 꿈 한 번 고쳐 꾸고 싶지 않았던 사람 있으랴
오래된 매듭은 풀리기 쉽고
보면 끝없이 휩쓸리고 가면 찾아 헤매는 길
인간 세상 타고난 사주팔자
용한 점복자의 부적과 방도는 어찌 되고
재주 없는 인생 아찔아찔한 세상 얼마나 둘렀는지

과도한 희망에 계산 없이 파헤친 세상
퍼질러 놓은 것은 무당 주문 같은 넋두리뿐
돌아서면 거기가 거길 텐데
살고 나서야 터득되는 이 세상살이
무릎 깨진 젊었던 날은 가난한 삶의 척도가 되어
가족의 가슴에 아직도 뽑지 못한 가시 하나로 박혀
온몸 구석구석 파고드는 한기로 제 발이 저려온다

사 막

여인아! 울려면 목 놓아 울어라
사막에선 눈물 한 방울도 귀하다

가혹한 사하라 사막 한가운데서
알라의 신도 우리를 구원하지 못한다
모래바람 속에 눈을 뜨고 호흡하며
해가 뜨고 지는 끝없는 길을
낙타처럼 걸어가야 한다

난 너를 위해 아무것도 해줄 수 없는 모진 존재로
그 흔한 눈물조차도 흘릴 수 없다

억겁의 세월 태양과 바람이 다스리는 여기는 사하라
타오르는 바위섬들이 떠 있는 작열하는 모래의 대양
운명을 바꿀지도 모르는 맹독을 품은 사막 뱀이
호의처럼 모래 속에서 사방에 도사리는 곳
전설 같은 지브리의 날개는 잊어라!

끝없는 지평은 저승문을 가리고
겉치레 없이 드러누운 모래와 바람이
길을 바꾸는 황량한 곳
지금은 숨소리 거친 세상을 벗어나야 하느니
사랑, 꺼져버려라! 미안해하지 말라고

고통스러운 사막을 건너기 위해
오직 낙타의 고삐를 잡는 것뿐이라고

갈 등

내 모가지 조이지 마라

오른쪽으로 감는 놈이나
왼쪽으로 감는 놈이나
뭐가 다른겨

네가 내게 하고 잊어버린 말
내가 아직 기억한다면
네가 한 말이 아닌겨

옆으로 열면 미닫이
앞뒤로 열면 여닫이
옳니 그러니 티격태격 실랑이하지 마라

모르쇠로 일관하는 혹부리영감이나
얼렁뚱땅 말머리 돌리는 훈장이나
거기서 거기가 아닌겨

고로쇠

봄이 예사로 오던가
겨울 건조 주의보에 갈증으로 허덕일 때
칼바람 휘두르던 기운이 한풀 꺾이고
산불주의보와 입산 금지로 산이 조용할 때
조심스럽게 탱탱하게 물이 올라야 오는 봄이다

아직은 해끗해끗한 잔설 남아 차가운데
봄바람 한 자락 틈새에 슬쩍 밀고 들어올 때
날카로운 촉수와 늘어뜨린 탐욕의 혓바닥으로
봄 채비하는 몸에다 빨대를 꽂고
자식 키우는 자양분을 훔쳐 가는 사람
아파서만 눈물 쏟는 것이 아니다

가난에 젖배 곯은 자식을 안고
젖동냥 다니시던 고향 아줌마가 생각난다
이치를 안다는 사람이 하는 짓이기에
더 서러운
사는 일이 이런 것이라면
참 잔인한 일이다

흔 적

백이산* 중턱에 남은 흉터 하나
전설 같은 절터에
아직도 목탁 소리가 묻혀 있다

수풀 속에 남겨두고 간 흔적
저 위에 사라진 사원은
여시아문* 색즉시공입니까

문고리 풀어놓고 일출을 기다리던 부처님은
사리자*여 어디로 가셨는가

이름 모를 초목이 찾아와 경배하고
희미한 흔적에 무릎 꿇고 삼천 배를 올리는가

바람이 예고 없이 왔다가
아무 일도 없었다는 듯 스쳐 가듯이
역부여시 오온*이 텅 빈 것입니까

﹡백이산: 함안 군북에 소재한 산 이름.
﹡여시아문如是我聞: 붓다의 가르침을 들은 대로 전한다.
﹡사리자舍利子: 석가모니불의 십대제자중 한 분.
﹡역부여시亦復如是: 역시 이와 같다.
﹡오온五蘊: 현상 세계의 모든 구성요소(색수상행식色受想行識).

동백꽃

가슴 휘젓던 불길 같은 동백꽃 붉다

전설 속에 애끓는 사랑은 꽃이 되더라만
너는 꽃을 달고 전설이 되느냐
못 잊는 건 사랑이라고
깊은 사랑은 결코 못 잊는 거라고
죽어서도 아프게 살아서 동박새 저리 울고
봄꽃의 가슴 태우는 잉걸불이 되었나

세상에 행복이 무엇인지
세상에 아픔이 무엇인지
그대 한 사람 떠나간 것이 아픔이었나
보이지 않아도 사라지지 않는
영원히 살아있는 그 아픔을 감싸 안고
눈감지 못하고 흘리는
핏빛 단심으로 뿌리는 눈물 아닌가

동백아! 우리 앞에 겨울이 없었다면
가슴에 머물다 간 것들이
이토록 아픈 기억으로 소환되었으랴
봄까지 버리고 세상까지 저버리는 네 앞에
사랑한다는 말 한마디 못 했던 나는
너의 은장도로 내 목을 치리다

앞들 논에 봄빛이 들면

앞들 논에 독새풀 봄 독 뽑아 올리면
누렁이 게으른 울음으로 갈아엎고
양재기에 가득 채운 막걸리 한 사발이
아제의 단내 나던 목구멍 칼칼하게 달래주면
육자배기에 고단한 신명이 땅속을 파고들던 봄

무논에 숨소리 거친 써레질 지나가면
왜가리 떼 성큼성큼 춤추던 논바닥
어거리풍년 꿈 열 맞추어 심어놓고
삼 남매 밤낮으로 가르치고 키워낸
앞들 논 닷 마지기

맹꽁이 꽈리 불 듯 울던 봄밤
어둠이 벗어놓은 별이란 별 다 불 밝혀놓고
삼 남매 도란도란 글을 읽고
퇴창 너머 개구리 떼
득시글득시글 밤새워 글을 읽던 앞들 논

제 3 부

첫차 같은 사람

갯비린내로 밤을 삭인 자갈치역 1호 플랫폼
낡은 가방 신주 모시듯 무릎에 공손히 얹고
주문 외우듯 앉은 노인
끼니는 해결하셨는지 안부가 궁금하다

잘 사는 것이 무엇인지
갓밝이에 냉기를 털어내고
누군가와 달라야 한다며
어스름을 헤치고 일터로 나가는

어디든지 천직의 부름을 받으면
무거운 가방 목숨인 듯 챙겨 들고
오늘도 새벽 첫차를 타는 저 사람들이
도시를 떠받치는 기둥이다

꽃

어머님의 기억에서 불러낸
정성으로 차려내는
자식 생일상일 거다

깊은 곳에 품었던
열망의 기억처럼
한때 피고 지는 고운 꿈일 거다

아니 잊지도 않고
가슴에 새겨둔 너의 이름도
아마도 곱게 피어날 꽃일 거다

봄날의 선택

봄비는 저체온증에 뭉친 어혈을 풀어주고
눈물 닦으며 부활을 꿈꾸는 봄볕
먼 풍문의 기억으로 낯선 하루를 헤집으며
혼곤히 잠든 땅 깨워 서둔 농사

지난해 네 어미가 남기고 간
깨알 같은 간곡한 당부도 있었건만
속속들이 알아채지 못하고
내 어째 무지로 이것들을 내몰았을꼬

처음 가는 세상은 위험을 무릅쓰는 일
그 작은 씨앗들이 여무지게 텃밭을 다 채웠구나
일용한 양식을 위해
세상 이치로 줄 세우는 아침나절

봄볕 일렁이는 밭고랑에 쪼그려 앉아
어느 걸 뽑고
어느 걸 키워야 할지
네 어미의 눈물이 두렵다

죽음의 도미노

바닷속에서 건져 올린 쓰레기
폐어구 속에는 고기도 죽었다
고기만 죽은 게 아니라
해초도 죽었다.
해초만 죽은 게 아니라
바닷속도 죽고 있다
바닷속만 죽은 게 아니라
바닷물도 썩고 있다
바닷물만 썩고 있는 게 아니라
정어리가 떼죽음하고 있다.
정어리만 떼죽음하는 게 아니다
숨 못 쉬게 가득 찬 악취를 피해
달아나다 나도 절벽 끝에 섰다

청어가 미라가 되던 날
―과메기

그 넓은 세상천지를 돌며

모난 삶 살지 않았건만

인간 세상에 대못 박는

어떤 사연이 있었길래

사자死者의 서書* 한 장 손에 못 쥐고

다음 세상 기다리는 거처居處

변변한 무덤 하나 없나

아누비스*의 손에 염殮이 된 채

생때같은 죽음으로

파란 하늘 아래

목을 매는 슬픈 운명

슬픔마저 짙붉은 육즙으로

바람에 발라낸다

*사자死者의 서書: 죽은 사람들을 매장할 때 함께 묻은 문서.
  (기도문, 마법의 주문, 신에 대한 서약)
*아누비스: 고대 이집트의 죽은 자들의 신.

전어를 떠올리며

백만 번 굽이치는 파도를 헤치고
백만 번 부딪치는 물살을 가르는
쫓기고 쫓기던 날을 견뎌온 단단한
은빛 찬란한 화살이여!

검붉은 파도가 비늘처럼 출렁이는 바다
은빛 어망을 거두면 어처구니없이 수모도
결국 몸부림으로 버티던 속살을 드러낸 채
청잣빛 감도는 은쟁반에 몸을 눕히고 마는

밴댕이 소갈딱지 같은 천성도
천도의 숯불에 지느러미를 흔드는 날이면
천 리 바람길 따라 소문처럼 퍼진 비린 액운
서해 갯벌에서 부정 없이 말린 왕소금이 뿌려지면

멀리 전어 떼를 쫓던 갈매기들이 찾아와
삼천포항에 울음을 풀어놓는
절망의 유배지 수족관 속에서
고단한 은빛 전어가 또 비늘을 드러낸다

태 풍

감히
내가 말하겠는데
모두
조심해

지금은
하늘이
지상의 모든 정령들에게
심하게 혼쭐내는 중

어쩌면
부러질지
쓰러질지
아무도 몰라

동토에도 복수초는 핀다

세상은 아직 피가 돌지 않아 절망스러운데
비극의 언 땅에 희극을 쓰는 생명이 있다

손톱만큼씩 길어진 햇살에
털옷 벗고 냉수마찰 하며
잔인한 동장군의 기세에 맞서
고단한 생명에게 절실한 희망을 전하는
난세에 두려움 없이 선봉에 선 용사가 있다

한 치의 망설임도 없이 멱살을 잡는 찬 바람에 맞서
손끝마다 얼어 터진 아픔 견디며
고통으로 가슴에 옹이가 박힌 채
마라톤 평원의 승전보를 알리고 쓰러진
전사처럼 용감한 복수초는 동토에서 핀다

산동마을의 봄

처음 가는 길은 두렵지만
꿈과 사랑이 있어
아직 꽁꽁 얼어붙은 산하에
두려움 없이 선봉에 나선 무리

지금은 세상을 바꿀 혁명의 계절
머리에 노란 띠 질끈 묶고 동학패같이
가복의 사슬을 끊고 야단스럽게 야산 둔덕을
한달음에 내달리면 쇠잔한 겨울은 무너지고

세상을 확 바꾸어 놓을 듯한 죽창가에
아직 눈뜨지 못한 숨죽이던 영혼들이
일제히 피어나는
섬진강 산동마을은 부활하는 봄의 성지

그때 너는
꿈 이루지 못했던 가난한 마을에 어둠을 밝힐
고결한 녹옥의 열매를 따뜻한 심성의 안식처에 매달고
등줄기 푸르게 일으켜 세워도 좋으리

오색으로 그린 수채화

젊었던 나뭇잎은 끝도 모를 세상에
녹음을 다 밀어 넣고 늙어 하나씩 가지를 놓치고
밤마다 손질하던 수의로 고쳐 입은 산
바람이 부르는 초혼가에 머리 숙여
애도의 문체로 물들인 만장 뒤에
눈물 없는 조문객이 뒤따르고
거친 숨소리 꾹꾹 눌러 묻은 산
짝 찾던 새들 장송곡 소리 따라 떠나고
아! 불 속에 저 암자
단청마저 붉게 타들어 가면 어쩌나!
가파른 여울은 마른 가슴으로 울고
소매를 뿌리친 저 영혼들이 가는 길
가지마다 매달려 애원하던 영혼
휑하니 적셔낼 손수건 한 장 없이
눈물 가려 읽지 못하는 조사弔詞
수북이 내리깔린 길
부디 읽지 마시고 가는 길 무사히 건너시오
무너진 냉가슴 오색단청에 고이 적셔 보내시고
용서의 길로
거룩한 걸음으로 다시 오시오

억 새

살다가 넘어지면
9부 능선 척박한 땅에 모질게 허리 펴고 선
너처럼 살아 볼 일이네

바람벽 없는 낯선 오지에서
등뼈 꺾일 듯한 그 어처구니없는 일도
한 번쯤 참아 볼 일이네

낮춤과 가난과 참담한 현실에 맞서
선택하지 않았던 짐 벗어놓고
세상 꽉 붙들어 볼 참이네

바람과 햇볕과 구름이 넘나드는 능선에서
세상이 내게 묻던 아픈 질문 다 내려놓고
오직 진실 하나 끌어안고 살아 볼 일이네

타협할 수 없는 대세에 맞서
심장을 식히는 바람길에 푸른 날을 세우고
기세 당당하게 버텨볼 일이네

아무도 손잡아 주지 않는 네 모습을 보면서
고통과 슬픔에 짓는 눈물은 사치였으므로
애초에 세상살이 이러해야 했네

구절초

발자국 소리 들리는가
먼 하늘나라 야음에 상강霜降의 군화 발소리
우리가 함께할 날에 거대한 폭력이 몰려오고
도망가지 못하는 생명들의 슬픔 위에
바람도 찾아와 야멸차게 등 떠밀면
등뼈를 세우고 있는 이웃들 무참히 쓰러질 계절
한때 유혹으로 손짓하던 동구 밖 그늘도
전언도 없이 늙은 잎은 망설임 없이 몸을 던지고
항간에 떠돌던 소문은 항변도 없이 떠나야 하느니
하늘은 서둘러 전갈자리에 들어서고
우리에게 남은 날들은 저처럼 짧기만 하다
너의 천성은 세상에 돌봄도 없이 제멋대로 자라도
이름 모를 초목과 함께 불평도 없이
수많은 우여곡절 온몸으로 받아내며
살아야 할 이유가 즐겁고 행복했으나
세상엔 터무니없이 예기치 못한 이별이 있다
모든 생명에 상처가 있나니
모든 생명에 생사의 시계가 돌고 있나니
아무것도 모르는 박새 한 마리

제 영역을 분주하게 지키는 언덕
생존조차 버거운 이 땅에 발을 묻고
아직 죽지 않고 살아서
무심한 하늘길에 목을 빼고 있구나

내 마음은 당신 것입니다

내 마음은 내 것이 아닙니다

아침이면 당신은 밤새 잘 닦은 찬란한 여의주 하나를 바다에 띄웁니다. 하루 일을 마치고 윤활유 깊게 배인 고단한 몸으로 저물어 돌아오는 집에서 당신은 붉은 노을을 바다처럼 맞이합니다. 본디 나는 밭고랑, 논바닥에 이는 바람과 햇볕에 그을린 화장기 없는 전형적인 조선의 냄새가 풍기는 어머님의 품에서 탯줄을 자르고 나온 복제된 분신이었습니다. 늘 들뜨는 내 몸을 삼밭 속에 세워두고 곧게 세우려 하셨습니다. 그러나 나는 이 찬란한 도시를 사랑하게 만든 화장기 화사한 한 여자를 알고부터 희토류 자석 같은 마음씨에 내 생애가 끌려갔습니다. 신의 사랑보다 더 깊은 사랑으로 자식을 키우는 아내의 얼굴엔 늘 어머님의 모습이 보입니다. 미로 같은 인생길 헤쳐나오는 동안 세월이 흐르면서 이제 된바람에 서리 맞고 겨울 텃밭을 지키는 겉잎사귀 시들어 잎 처진 봄동으로 엎드렸지만. 자식들이 찾아오면 자기 몸통 같은 봄동 하나. 골다공증 앓는 대파 한 다발 바리바리 싸주는 아내를 봅니다 임립한 세상에 중심 한번 흔들린 적 없었겠습니까. 당신의 둥지에 마음의 닻 내려놓고 한 번도 가본 적 없는 길을 갔다가도 되돌아오는 곳. 내 마음은 오래전에 이미 다시 시련이 와도 나를 지켜봐 주고 나를 기다리던 그 한 사람이 있는 곳 당신 것입니다

가을이 전하는 말

가을은 말한다
바람결에 함께 살 비비며 쓰러지던 잎끼리
허둥거리며 살았던 날들도 이별 앞에서
사랑하고 미워하던 그때가 좋았다고
물결처럼 요동치는 허망한 욕기의 몸부림은
언제나 고독의 자리가 되고
바람은 모질게 뿌리 내리는 법과
매달리는 법을 가르쳤으나
미병에 신열을 앓는 날이면
망령처럼 각자도생으로 갈 곳을 몰라 헤매인다

그러나 가을은 말한다
뒤돌아보면 언제나 허전하다고
빈자리의 기억들은
아직도 내 앞에 서성거리는 아쉬운 미련으로 남는다고
가슴 적시며 뒹구는 저 낙엽
차라리 지쳐 글썽이던 눈물방울이면 좋겠다

내가 가는 길

세상은 온통
길 아닌 길이 없다
그 길로 가야만 닿을 수 있다
그 길로 가야만 돌아갈 수 있는 길이 있다

수없이 드러누워
나를 밟고 지나가라는 길
가야 할 길이 있고
가지 말아야 할 길이 있다

육지 끝이 바다에 잠기고
바다 끝이 육지로 오르는
출발에서 도착으로
다시 돌아가는 길은 있어도 끝나는 길은 없다

너와 내가 한 번도 가 본 적 없는
두려움 감추고 걷는 먼 길
때로는 소실점마저 보이질 않는 길
가끔 두려워 돌아서 갈지라도 멈출 수는 없다

독 도

천년만년 소금기 머금은 섬
고단한 신념 하나로
넓은 마당은 없어도 태극기 휘날리며
파도와 바람이 애국가를 부르는 섬
바닷새들이 우리 땅이라고
하늘 한 번 날아올랐다 앉는다

높은 전망대가 없어도
넓은 조망을 바라보며
하느님이 보우하사
두려움 모르고
별빛 초롱초롱한 섬에
신라의 달이 파도에 출렁거린다

서해의 격렬비열도가 그렇고
남해의 마라도가 그렇듯이
동해물과 백두산이 마르고 닳도록
동해 먼바다에서
파도와 바람에
자유롭게 태극기 펄럭거린다

정암鼎巖에 가면

그곳에 가면
굽이굽이 흐르던 유장한 강물도
역사적으로 흐른다

임금도 조정도 백성을 버려두고 도망간
비명 가득한 산하
초개같이 목숨 던져 지킨 맨상투들의 전장터

와! 와! 외치는 의병들의 함성같이
오늘도 솥바위에 부딪히는
용트림하는 남강물

시오리 비포장길 따라
봄 소풍 갔던 어린 날의
도시락에 모여들던 치어들

유년의 뒤엉킨 먼 기억들로
내 가슴에 쿨럭거리며
지금도 정암진에 살아서 흐른다

창밖의 5월

산맥에 난 오솔길로 얼레설레하는
4월을 배웅하며
5월은 먼 남국에서
아카시아 향을 타고 온다

연두가 진초록으로 속 짙어가고
정욕으로 들끓는 산
나무는 꽃이 속마음이다
향기로 말하는
분칠한 불빛이 교태스레 웃는 이 계절엔
나도 화냥기 있는 여자가 좋다

일렁이는 불길에
벌들과 꽃이 얼기설기 뒤엉키는 향연
가시를 감추고 안기는 아픔도 좋은
오월에는 윤리란 하찮은 것이다

태초에 근원적인 도가 이러한 것처럼
우리의 생도 이러해야 하느니

낙동강이 울던 날
―홍수

갑작스럽게 뛰쳐나가는 길은 요란하다
누구도 달랠 수 없는 피 울음으로 흐르는 강

한 가닥 지푸라기라도 붙잡고 흘러갈 수만 있다면 발길 닿는 곳 어디라도 아찔하기만 하다 한강철교를 건너는 피난민처럼 강으로 몰려드는 행렬. 굵은 빗소리 목을 조여 온다. 하늘 높은 줄 모르던 것조차 고개를 수그리고 키 낮은 것들은 흙탕물 속에 잠겨 천지 구분 못 하는 이 밤. 흘러 어디로 갈거나. 술 취한 취객에 폭행당한 여인처럼 구름 속 통곡 소리에 심장이 멎었다. 속보는 난파된 삶을 구제하지 못하고 변두리에 발붙이고 사는 것들 허방에 헛발 딛다 휘감겨 삶의 터전을 붙들던 아버지의 손마저 놓쳐버리고 처마 끝마다 폭포수 같은 눈물이 쏟아지던 날 산은 산대로 들은 들대로 펑펑 눈물을 쏟아냈다

아우라지에서 만나는 황톳빛
속 모르는 아픔끼리 부둥켜안고
급물살 타는 아릿한 피난 행렬
어느 해안가 피난민 수용소에 슬픈 짐을 풀겠다

원효암 가는 길

나뭇가지 그림자에 매단
맑은 저울판 같은 연못 하나
세상을 담아 놓고

바람에 떠는
수양버들 늘어진 가지 하나
저울 고리가 되어

하늘 땅 다 올려놓고
거미 한 마리 저울추로 달려
기울지 않는 저울눈을 맞추고

깃털처럼 가벼운 세상
구름 하나 올려놓고도
바람에 기우뚱거리는데

원효암 불자들이 떨어뜨린
불경 소리 목탁 소리
저울판을 닦고 있다

제 4 부

어떤 날

가끔 스쳐 지나가는 생각에
켜켜이 쌓였던 기억들이 쏟아질 때
켜 밑에 파묻혔던 고향 집 마당귀에
시원한 월동 무가 생각나고

노란 나비 한 쌍 고운 날갯짓에
씨앗용으로 남겨둔 장다리꽃이 노랗게 웃고
하늘에 떠돌던 오래된 기억 하나가 떨어뜨린
나뭇잎 하나에도 그 고단함을 떠올리면
그냥 지나쳐도 좋을 바람이 염려스러운지

밤은 언제나 나를 가둔 채
바람벽 틈으로 탈출을 결심하고
산밭을 지키는 허수아비와 옷을 바꿔 입으면
틈새로 무심히 지켜보던 달빛 하나가
얼마나 까마득한 구원을 요청하였던지

그래도 켜켜이 쌓인 네가 있어 따뜻했다
먼 후일에도 켜 밑에 파묻혔던
생나무 태우던 눈시울 매운 날 떠올리면
밀서리 까만 그을음이 네 얼굴에서 웃고 있겠지

장날에 대한 기억

어머님 장날에 가시는 날
경대 속에 딱분도 숨을 쉬고
삼단 빼닫이 속에 무명 치마저고리 매무새 가다듬고
흰고무신이 디딤돌에 기다렸다

꼭 나를 떼어놓고 머리에 곡식 포대를 이고
손에 들린 망태기 속에 날개 묶인 닭 한두 마리
어떤 날은 눈물 글썽거리는 소고삐를 잡고
군북 장에 소 팔고 오신 날은 외양간 앞에서
눈물 글썽이던 날도 있었다

어머님 장에 가신 날이면 외톨이인 양
신작로가 잘 보이는 양지바른 언덕 밑에 쪼그려 앉아
목을 빼고 언 바람이 불면 울타리에 놀던 참새떼도
몸을 부풀려 바들바들 떨고
나도 쭈그렁밤송이처럼 몸을 말아 떨었다

산그늘이 들판을 가로질러 드러누울 즈음이면
가난한 버드나무 늘어선 신작로 끝에
어머님은 멀리 산그늘 능선을 타고
보따리를 이고 돌아오셨다

개사초改莎草

오뉴월 천 평 보리밭을 혼자 다 베어
눕히도록 안 오시네
눈물에 젖고 땀에 배인 어머님의 적삼
허리 펴며 바라보는 신작로엔
베갯머리송사는 잊으셨는지
무심한 아지랑이 춤만 추었다지요
바람 같은 아비는 샛바람이었다가
하늬바람이었다가
바람 불어 못 오시나
무심하게 자라는 원망은
뒷숲 팽나무에 앉은 비둘기가 대신 울고
파수로 넘어간 바람은 아침 안개로 넘어오던
눈물 어린 고갯길 고시미 길가에
야속한 세월 잊은 듯이
쓰라린 가슴 위에 산 하나 눌러놓고
두 분 나란히 누워계신 무덤가에
웬 할미꽃이 이리도 지천인지 경로당이 되었구나!
어머니 그래도 이젠 외롭지 않겠습니다
따뜻한 봄밤에 소쩍새가

밤새 울어도 슬퍼하지 마세요
파란만장 우여곡절
그 마음 헤아리지 못했던 못난 자식
한식에 이곳저곳 바람 들까 단속하고 갑니다

소회所懷

 내 고향 들판에 느티나무 한 그루 보릿고개 넘던 어릴 적 나처럼
 돌무더기 둔천에 모질게 뿌리 내려 키재기를 했던 어린 나무가 이제 와 보니 수없이 지나간 태풍도 견뎌내고 팔을 뻗어 들판을 다 품을 듯한 강장한 기품에 동네 터줏대감쯤 되어 보인다.

 세상을 다 태울 듯한 햇살이 달려드는 정오에 들일에 지친 사람들 불러들이고는 가지마다 대롱대롱 매달린 그늘로 부채질하며 이런저런 전장터 같은 이야기 그래그래 고개 끄덕이며 들판을 지키는 수호신처럼 깍듯이 받드는 고수레 술로 대접받고 섰다 나도 객지로 떠돌지 않았다면 솔찮은 나이에 동네 상노인은 되었겠다

고향 집 감나무

고향 집 마당 가에는
증조부가 심어놓은 물감나무가 한 그루 서 있었다
거름을 내고 가꾸는 일도 없었지만
해마다 봄이 오면 꽃 피고
주전부리 귀한 유년에
인정스럽게 내어주는 선물이 있었다

사라호 태풍이 불던 해
감나무 굵은 가지 두서넛 보시한 듯
가을에는 무슨 일이 있었냐는 듯이
피맺힌 눈물 자국 선연히 배인 잎들을
하나씩 내려놓고
넉넉한 열매를 숨김없이 드러냈다

가족의 발걸음이 멈춘 고향 집
오래전 울다 떠난 새가 걸어둔 불 꺼진 빈자일등이
걸려있는 백 년을 훨씬 뛰어 넘긴 감나무
잡초가 졸고 있는 적막한 빈집 마당에 칠성여래 입상이 되어
온갖 번뇌 망상을 적멸한 구새 먹은 가슴을 안고
하세월에 듬성듬성 머리 빠진 시무외인의 가지 위에
바람과 볕살이 놀다 간다

겨울밤

유년 시절 수북이 쌓인 장작더미가
바람벽이 되지 못한
아버지가 없는 겨울은 길고 추웠다

매서운 칼바람이 문풍지를 울리는 밤
마루 밑 강아지도 몸을 말아 바람 따라 울면
어머님의 그 작은 새가슴이 따뜻한 아랫목이 되었다

청솔을 때던 방고래가 구들장 꺼질 듯한 한숨을 쉬면
사는 것이 고문 같아 성깔머리 말라비틀어진
가을걷이에 어머니의 회초리를 맞은 콩대가
아궁이 속에서도 티격태격 서로를 태우며
가장 없는 네 식구의 아랫목을
입을 꾹 다물고 군불로 데우던 밤
무쇠솥은 숨 가쁘게 안도의 숨을 내쉬었다

섬돌에 벗어놓은 고무신 네 켤레 등을 맞대 떨며
헛기침도 없이 날 세우는 바람이
어머님의 상처 난 가슴속으로 스쳐 가면
속을 다 파먹고 자라는 어린 삼 남매가
진통제처럼 안겼던 그 긴 겨울밤

어느 김 씨의 프롤로그

어머님! 꿈속에라도 우주로 떠돌던 별 하나
혹여 불타는 별이 되어 품속으로 떨어지던가요.
별이 되지 못해 한세상 떠돌던 궤적
절망을 안고 나뒹구는 신음 난무하고
때 이른 봄기운에 가뭇없이 사라져간 꽃 진 자리
기쁨도 서러워 먼 길을 외경스럽게 찾아온 소쩍새
밤이 이울도록 구슬피 울어대는 봄밤에
별은 밤새 멀뚱하게 내려 보고 그냥 갑니다
서두르지 않아도 닿을 수 있었던 길을
조급함에 무심코 지나쳐버린 세월
이래저래 얽히고설킨 격렬했던 삶의 도심을 떠나
아직도 발자취 지워지지 않는 그 우주를 찾는 혜성 하나로
다시 지나가고 있습니다
두려워하지 않았던 피란 많은 삶에
사노라 억누른 마음 침묵은 이유에 닿지 못하고
절망은 세상을 처음으로 원망했던 세월 저편에
세상 모르는 허수아비로 서서 지켜본 하늘에
긴 꼬리를 달고 가는 악마 같은 폰스 브룩스 혜성*이 지나가는 밤

저 수많은 별 어디선가

누가 내 이름을 부르는 희미한 바람 같은 소리를 들었습니다

어머니!

＊12P/폰스 브룩스 혜성: 71년 주기로 지구 주변에 나타나는 혜성.

풍경 소리

종일토록 공염불 외우던 누렁이
코뚜레에 평생이 매여
들일에 앞서 길을 내던
목에 매단 워낭 소리로 울다가

아버님 이승을 떠나실 때
시절 인연 안부도 뿌리치고
북망산으로 길을 내던
구슬픈 요령 소리로 울다가

허위단심*으로 청산에 달려와
산사 처마 끝 물고기에 길을 묻고
명부전 저승문으로 가는
정토의 풍경 소리로 애잔하게 울다가

*허위단심: 허우적거리며 무척 애를 씀.

핏 줄

역병으로 조심스럽게
카톡으로만 보던 백일 지난 손자
할아버지 생일날 선물로 안겨준다

세상 당당하게 걸으며 살라는
온갖 소원을 다 담은 당부의 이름
"岱建〔대율〕아 할애비다" 얼러주니
빙그레 웃는다

며느리 마음일까.
아들의 마음일까.
당기는 핏줄일까.
저 맑은 미소가 누굴 닮았을까.

김해김씨 삼현파절 군수공파 24세손
내 손자 대율이
갓 피어난 새싹처럼 파릇한 웃음
나도 따라 웃음꽃 핀다

외할머니

　애디 모퉁이 가파른 언덕길을 빈 걸음 없이 물동이 길어 다가 애지중지 키운 감자 밤새 은하수가 내려앉아 별꽃을 피우면 매정하게 뚝뚝 따내시고 "먹고 사는 게 우선이란 다" 하시던 외할머니

　때가 되면 팔 남매 거두시던 그 옛날 기억 앞에서 자식 들 먹고 입히는 것도 급급해서 잘 가르치지도 못해 죄스럽 다던 외할머니 솟대 꼭대기에 앉아 먼 북쪽 어딘가 방향 잃고 돌아오지 않는 어린 기러기를 기다리는 어미 기러기 가 되셨다

　경첩인대처럼 질긴 파란만장했던 구십 평생 애오라지 자식 위해 문받이턱으로 살아오시다가 석삼년 방 안에서 거동 없이 천장에 가슴 미어터지는 회한의 자서전을 쓰시 던 잔인한 겨울 하늘나라 가셨건만 찾아오는 문상객은 "편 히 하셨다." 하시더라

돌아보면 파란만장 주름 밑에 감추시고 살짝 피어난 얼굴에 틀니 빠진 웃음으로 이제 여한이 없다던 외할머니 상엿소리 앞세우고 애디 모퉁이 돌아 저승길 따라가신 가파른 언덕길 그곳으로 천국이라고 떠나셨다

부음訃音

아버지가 가셨던 한여름
어머님도 떠나셨다

담장 위 능소화로 사셨던 아버님
담장 밑 봉선화로 사셨던 어머님

생전에 떨어져 먼 산 보듯 하고 사시더니
앞서거니 뒤서거니 돌아가셨다

한밤중 아버지를 향한 어머니의 험담도
지아비를 그리는 지어미의 그리움
염천에 아내를 데려가는 남편도
빈처에 대해 애틋함이 아니랴?

제대로 꽃 피운 적 없이 살아온 날이건만
온다 간다 말도 없이 분단장 하나 없이

어머니는 한 여름밤 꿈에
저승사자가 되어 오신
아버님이 내민 손을 잡고
머나먼 길로 떠나셨다

선영에 모시던 날

봉답에 허리 펼 날 없었던 한 생애
무시로 버둥거린 그 삶이
폭풍 같은 단말마적 돌림병에
살아남으려는 포효도 없이
아침 안개처럼 사라져
인정 없는 세상 혈자리도 아닌 묵정밭에
패철 한번 놓지 않고 흔적처럼 누웠네

다시 일으켜 이승의 미련 내려놓고 가시라고
햇살도 서러워 백이산을 넘어가지 못하는 여기
이승의 흔적같이 유골함에 평장으로 뫼시니
선조들이 추구해 온 풍속을 거스르는
묘비석에 조탁된 자손 면목 없네

조부모님 선영에 모신 날
파묘에 떠오른 반달이 자꾸만 돌아다보며 가네
나도 언젠가 돌아와 이곳에 잠들거든
"저 산 하나 눌러주고 가시게"

빈 처가

칠 남매 도회지 바람에 떠나버린 집
면면하게 이어졌던 한집안의 내력이 굳게 문을 닫고
광택 나던 마루 다릿발 삐걱거리며 앉았다

요양병원으로 떠난 주인장 안부가 궁금한지
돌담 너머로 이웃집 호박넝쿨이 기웃거리고
찬장 속엔 조상님께 메 올리던 놋그릇 몇 벌
방 안 평생 머리맡을 지키던 색바랜 반닫이엔
영감님 보내시고 밤마다 한땀 한땀 곱게 지은
삼베 수의 한 벌 눈물이 말랐다

그 많은 가족이 북적거리던 집
대들보를 지켰던 가족사진 속에
정 깊은 기억들이 멈추어선 채
평생의 반려자가 된 아내가
열네 살 외손녀처럼 그 속에 웃고 있는 집

문틀에 걸쳐 놓은 음나무 가지 하나
빈집을 지킨다

묵정밭

할아버지 헛기침 소리
산비탈을 떠받치는 축대로 쌓이고
먼동으로 할머니는 혼곤한 이슬을 털며
땅강아지처럼 호미를 밀어 넣어 일군 밭뙈기

눈뜨면 달려가 신주인 양
땅심 돋우셨던 옛날

어화둥둥 내 새끼
대학물 먹은 자식
훈장인 양 가슴에 달았지만
도회지 씨앗으로 뿌려지고

평생 뒷바라지에 보낸 세월
속 빈 강정처럼 허우대만 멀쩡하고
등뼈 무너져내린 기슭막이 사이로
헛농사에 한숨이 혀를 차시더니

머리 하얀 개망초 같은 세월
묘비 뒤에 한 점 묵정으로 엎드렸다

신발이 나에게

당신은 이 세상 하고많은 신발 중에
오직 십 문 칠만 고집하며 살았지요
처음 당신에게 선택되었을 때
수시로 털어주고 닦아주며 사랑하고 아껴주시는
참 자상하신 멋진 신사로 알았지요
나도 당신의 그 육중한 몸을 담고 당신의 길동무 되어
걸음걸음 행여나 다칠세라 험난한 세상 가슴으로 막아
당신이 가시는 길 마다하지 않았지요
그런데 왜 그러세요
가슴 출렁거릴 말 한마디 없이
함부로 쑥쑥 밀어 넣으시고 뒤꿈치가 무너져내린 십 문 칠
당신은 눈감으면 떠오르는 얼굴이 많겠지만
늘 당신을 기다리는 나는 당신의 기척에 귀 기울이지만
싫증이 나시면 버려지는 헌신짝
자신만을 생각하는 당신은
어떤 사람입니까?

우리 집 정원에 사는 것들

정원에는 첫사랑을 닮은 꽃나무들이 산다
봉곳이 꽃 피우면 스멀스멀 기연의 기억들이 나온다

봄날 화원에서 첫눈에 반한 목련
바람벽이 되었던 병풍 속이 본향인 모란
꽃다발로 안겨드는 영산홍
이 모든 것들이
어린 시절 첫사랑을 못 잊어서가 아니다
만나고 헤어진 그 빈자리가 아니다

개중에는 향수를 못 이겨 접은 것도 있고
반려 인간의 욕심으로 사경을 헤매던 것도 있지만
생의 열망이 맹렬하다
남은 인생의 평생 반려자들
가끔은 앞세운 세월에 미안해질 때도 있다

나의 추임새로 어깨 들썩이게 하지 못했지만
　새벽이면 수다스러운 새들이 갖은 수사로 내 마음을 대신한다
　찬연한 열매를 주렁주렁 매달고 자신을 복제하는 나의 정원
　이파리 뒤에 숨어 빼꼼히 내다보는 부끄럼 숨기며
　내 발걸음 소리에 귀를 쫑긋 세우는 생명력 속에
　이제 나도 이 공간에 세워두고 살아간다

자화상

나는 고향 집 화단 안쪽 감나무처럼 뿌리 박고 살았다
가지는 오직 담장 너머 타작마당 쪽으로 뻗어야 했다
사랑채 지붕을 덮거나 화초에 그늘을 드리우는
염치없는 가지는 가차 없이 베어지고 야멸차게 잘렸다

그래도 우물이 가까이 있어 갈증은 몰랐다
누이동생 소꿉 놀이터로 하루해가 짧기도 했지만
타작마당 한철 보리타작이 한창일 때
잠시 쉴 그늘을 내어주면 고마워했다

내 인생은 봄날 피었다 떨어진 감꽃처럼
향기도 없고 화려하지 않아서
수없이 매단 이파리로 그렁그렁 눈물 감추고
내 생의 희로애락은 풋감 속을 채우는 떫은 감물이었다
그러나 달려드는 벌레 때문에 남매 같은 땡감이
5할은 도사리처럼 떨어지고 삼 남매만 살아남은 우리 남매 같았다

한여름이면 심신이 지친 어머니는
　산처럼 돌아앉아 감나무 가지에서 목 놓아 우는 매미같이 울기도 했다 덩달아 슬퍼서 삼 남매도 실룩거리면 소나기가 지나갔다

　내 평생은 힘들게 푸서리길 같은 에움길을 돌아
　다행히 장년이 되어서 갈고닦은 생존의 노하우가
　겨우 밥술을 뜨고 주변을 둘러보는 행운이 되어
　단맛의 풍미가 입안을 감치는 늦가을 홍시 같은 삶에 안도하며
　나를 잘라내지 않고 뿌리 박고 살게 해준 고마움 때문에
　조상님 차례상에 조율이시로 차려질 곶감으로 깎여
　장대 끝에서 이제는 하얀 분이 피어나도 좋다

거 울

의사 양반 노환이라는 사족 한마디에
내가 살아온 긴긴날을 생각하며
거울을 들여다보네

언제나 말없이 지켜만 보는 너였기에
어제 내일의 내 모습 생각 못했네

검은 머리 윤기 흐르던 날이여 안녕
네 앞에서 겸손하지 못했던 날도 안녕
몸부림치던 과거여 안녕
헛꿈에 지칠 줄 모르고 달아올랐던 날
잘 있는가 이제 묻지 않겠네
내 나이에 감당 못 할
세상에 부리던 노욕도 내려놓겠네

마주 바라보고 선 근심스러운 얼굴 낯설다
저 사람이 누구냐고 묻지 않기를
사랑하는 사람들이 내가 누구냐고 묻지 않기를 바라네

가끔 너를 바라보면 저도 아쉬운 듯
우화 못 한 침묵이 버리고 갈 저 모습에
스마일, 해피 표정으로 지어보라 중얼거리는 듯하네

윤 회

어느 날 지상의 것 뿌리치고 소천세계에 당도하면
떠도는 기억을 엮어 또다시
구운몽을 꾸는 영혼으로 살아갈 수 있을까

삶은 죽음으로 가는 여행길
소풍도 때론 발목 접히고
새로운 시작은 영원으로 가는 길목의 간이 정거장일 뿐
돌아보면 아름다운 것도 이별 앞에선 고통이다

사랑하는 사람아 날 위해 울지 말아라
나는 한 마리 유충으로 살다가
하늘을 날지도 모를 미래의 나는 현재에 내가 아니다

손끝에 묻어 있던 마지막 욕심 다 털어내고
내 생의 내부를 다시 들여다보지 않는
돌이 되어 뒹굴다가
가슴팍에 맺혀 있던 앙금 다 털어내고
이승의 창밖으로 사랑했노라 손 흔들며 살아가는
나무가 되어 뿌리 박고 산다고 해도

어찌 녹음의 바다로만 일으키리

차라리 비탈 박토에 풀 한 포기로 환생해서
이 산 배고픈 짐승의 먹이가 되고
몇 번의 생을 거쳐 다음 생에는
우주를 떠도는 먼지가 되어 또 다른 별에 가고 싶다

아버지의 고향

사랑하는 아들, 딸들아
사촌숨村* 땅이 아버지의 고향이란다
사림파 김일손의 후손
왜 골짜기에 살았냐고 묻지 말아라
무오사화에 멸문지족의 화를 피해
13살 어린 연직 할아버지께서 부모를 다 여의시고
입향 은거하며 살았던 시거지始居地가 사촌이란다

황야같이 넓은 세상 두고
좁은 산골짜기 고독과 시련의 몸부림으로
청정한 하늘 바라보며 얼마나 많은 눈물 쏟았겠느냐.
강인한 인내력으로
타박하지 않고 버텨낸 세월을 생각하거라
살아가면서 기쁜 일 슬픈 일이 생기면
고향 조상을 향해 술이라도 한잔 올리거라

시절 따라 객지를 떠돌며 살더라도 잊지 말아라
너희 조상들의 고향은 그런 곳이었단다
사는 일 다 마음의 기도란다
힘들고 힘들면
곱씹고 곱씹으며 악착같이 몸부림치며 살아온
조상들의 고향 사촌 땅을 잊지 말아라.
사랑하는 아들, 딸들아

＊사촌숨村: 함안군 군북면 사촌리.

얼음굴*

미어지는 저 오봉산 가슴은 속을 다 비워내고 천둥으로 불러도 발파진동에 귀먹고 눈먼 산. 고향 사람들의 허허로운 삶을 담보로 목숨 걸었던 그 쓰린 날의 기억과 함께 아물지 못한 상처를 안고 캄캄한 입으로 오뉴월 한 서린 한숨을 쏟아낸다

베일 속의 가려진 황금을 찾아가는 길은 어둡고 북극성의 위치도 알 수 없는 광맥을 따라 지친 발품이 두더지처럼 수없이 파고들던 길. 삶에다 청춘을 담보로 간드레 불을 내걸었던 어린 봄날의 고향엔 언제나 뻐꾸기 울음 같은 서늘한 슬픔이 있었다

정 끝에 내리치던 망치는 짙은 공포를 깨트리고 영혼을 찾지 못했던 합천 배씨 원혼의 목멘 울음도 섞여 눈을 감지 못했던 오늘과 내일이 맞교대로 가슴을 두들기고 울렸던 수많은 날은 무개화차에 축축한 애환과 땀방울을 퍼 담았던 저 가슴은 기회조차 텅 빈 채 광부의 깊은 통증을 토해 낸다

*얼음굴: 함안군 군북면에 소재한 폐광.

시인의 노트

무수한 기억의 숲

김 근

갚고 싶어도 갚을 수 없는 외상값이 내 인생에는 있습니다. 재주도 없는 인생이 퍼질러 놓은 세상에 진 빚, 능력도 없이 가슴에 못 박은 사랑이 있습니다. 아직도 철부지 시절 고향 집 마당에 쩌렁쩌렁 울리던 "야 이놈아, 제발 사람 좀 돼라." "사람 좀 살자." 하시던 그 외침을 떠올리면 울 엄마 마음 어떠했을꼬 "쌔가 만발이나 빠질 마한놈의 자슥."

마음에 마구니가 스멀스멀 기어다녔던 철없던 시절은 어머니의 회초리로 다짐과 반성을 했지만 돌아서면 또 똑같은 철부지 짓거리를 반복했던 유년은 한 철 짧았던 계절처럼 지나갔습니다. 궁벽한 산촌에서 지아비 없이 홀로 삼 남매를 건사하신 어머니를 생각하면 회한이 몰려옵니다. 변제기일이 없었던 사랑 하나하나가 꼭 갚아드려야 할 차용증서였던 지난날들, 오래전에 잊고 지낸 사람들이 가슴 한구석에 숨어 있다 지워지지 않은 채 켜켜이 파묻힌 기억의 편린을 불러낸 나의 시는 어머니를 향한 사모곡이며 참회록입니다. 또한 자신의 관조적 서사이며 나의 시를 받치는 근간이기도 합니다.

  무심코 지나쳤을 남남이 우연히 인연이라는 운명이 되고, 그 인연이 웃음이 되고, 눈물이 되고 세상은 그렇게 얽히고설킨 실타래를 풀면서 살아가는 것이었습니다.

    세상에 평등한 것이 있느냐
    세월이 가면 기우는 것
    너의 선택이 다르고
    나의 판단이 달랐음을 그때는 몰랐지

    태산 같은 삶에 정성을 쏟아도
    죽고 못 살던 사랑도
    누구는 웃음이 되고
    누구는 눈물이 됨을 몰랐지

    …중략…

> 살아서 힘든 사람은 지옥이지만
> 힘들다가 살 만한 사람은 천국인 세상
> 인생은 깊게 생각하면 서글프다
> 살아 있어 꾸는 꿈 잘못되어도 용서하고 살아야지
>
> ─졸시 〈운명〉 중에서

지난 과거에 얽매여 몸부림쳤던 날들 다 부질없었습니다. 산다는 건 늘 바람이었습니다. 나무는 바람을 맞서지 않습니다. 바람 부는 쪽으로 기웁니다. 때로는 상처를 입어 흘린 눈물이 위로가 되기도 합니다. 젊은 한때의 혈기로 마흔일곱에 명예퇴직하고 세상에 도전했습니다.

세상은 틈만 있으면 강렬한 빛으로 유혹을 쏟아냈습니다. 실패에 실패를 거듭하고 나서야 사회를 배웠고 근무했던 직장에 감사함을 깨달았습니다.

> 쾌속 회전하는 세상에 지쳐 소리치는 것들
> 멍키 스패너 왕진 가방 챙겨 들고
> 풀었다 조였다 상처 부분 쓰다듬고
> 한여름 같은 열기에 땀에 흠뻑 젖었던 하루
>
> 참 오래도록 대들보마냥
> 내 평생 위에 심혈 기울여 쌓아 올린 탑
> 뜨거운 열정 멈추면 내 인생 미완인데

이제는 특별한 기억마저 거머쥔 손을 놓아야 하는
문명의 이기 앞에 던지는 희망 포기각서

인생의 활기를 북돋우던 열정까지
유통기한 지난 상품으로 내려놓는
비극적 서곡 앞에 침잠하며
청맹과니의 세상은 변두리 고물상에 버려진
네모난 사진틀 속에 갇힌 슬픈 초상肖像

—졸시 〈퇴출〉 전문

세상은 만만하지 않았습니다. 세상에는 반짝반짝 갈고 닦아 준비된 자들이 많았습니다. 나의 능력은 초라했습니다. 퇴직 반년 만에 꿈은 무너졌습니다. 빈털터리가 된 자의 절망을 느꼈습니다. 그러나 내겐 무너져서는 안 되는 가족이 있었습니다.

살다 보면 왜 없겠나 빛과 그늘이
실패자의 무너져 내린
마음의 상처
짜디짠 한 바가지 눈물인 것을

…중략…

아픔도 세월에 묻히면

다 잊을 텐데

세상이 잘못 되었다고

나도 따라 잘못 살 수는 없지 않은가

─졸시 〈눈물이 때로는 나를 가르치더라〉 중에서

가족의 가슴에 못을 박고 사나이 눈물 많이도 쏟았습니다.

실핏줄로 얽히고설킨 마음속의 길

살아서 꿈 한 번 고쳐 꾸고 싶지 않았던 사람 있으랴

오래된 매듭은 풀리기 쉽고

보면 끝없이 휩쓸리고 가면 찾아 헤매는 길

인간 세상 타고난 사주팔자

용한 점복자의 부적과 방도는 어찌 되고

재주 없는 인생 아찔아찔한 세상 얼마나 둘렀는지

과도한 희망이 계산 없이 파헤친 세상

퍼질러 놓은 것은 무당 주문 같은 넋두리뿐

돌아서면 거기서 거길 텐데

살고 나서야 터득되는 이 세상살이

무릎 깨진 젊었던 날은 가난한 삶의 척도가 되어

가족의 가슴에 아직도 뽑지 못할 가시 하나로 박혀

온몸 구석구석 파고드는 한기로 제 발이 저려온다

—졸시 〈후회〉 전문

살기에 바빠 힘들 땐 주위를 돌아볼 여유도 없었습니다. 한참 살고 나서 쉬어 갈 여유가 생겨 돌아보았을 때 이미 늙으신 어머니, 장모님 또한 젊어서 용서할 수 없었던 것들이 용서가 되었습니다.

가족의 발걸음이 멈춘 고향 집
오래전 울다 떠난 새가 걸어둔 불 꺼진 빈자일등이
걸려있는 백 년을 훨씬 뛰어 넘긴 감나무
잡초가 졸고 있는 적막한 빈집 마당에 칠성여래 입상이 되어
온갖 번뇌 망상을 적멸한 구새 먹은 가슴을 안고
하세월에 듬성듬성 머리 빠진 시무외인의 가지 위에
바람과 볕살이 놀다 간다

—졸시 〈고향 집 감나무〉 중에서

미처 돌보지 못한 분들 세월이야 보내셨겠지만 속으로 삼킨 마음 가슴에 멍 하나는 되셨겠지요. 세상에서 제일 사랑하는 사람 어머니, 세상에 이름만 떠올려도 눈물이 나는 사람 어머니, 어린 시절 우리 곁엔 아버지가 없었습니다. 불면의 밤 애욕에 욕망이 없었겠습니까. 희번덕거린

시기와 증오의 눈길이 없었겠습니까. 내색 없이 그 엄청난
무게를 견뎌내시고 가장의 짐을 지고 사신 어머니!

    유년 시절 수북이 쌓인 장작더미가
    바람벽이 되지 못한
    아버지가 없는 겨울은 길고 추웠다

    매서운 칼바람이 문풍지를 울리는 밤
    마루 밑 강아지도 몸을 말아 바람 따라 울면
    어머님의 그 작은 새가슴이 따뜻한 아랫목이 되었다

    청솔을 때던 방고래가 구들장 꺼질 듯한 한숨을 쉬면
    사는 것이 고문 같아 성깔머리 말라비틀어진
    가을걷이에 어머니의 회초리를 맞은 콩대가
    아궁이 속에서도 티격태격 서로를 태우며
    가장 없는 네 식구의 아랫목을
    입을 꾹 다물고 군불로 데우던 밤
    무쇠솥은 숨 가쁘게 안도의 숨을 내쉬었다

    섬돌에 벗어놓은 고무신 네 켤레 등을 맞대 떨며
    헛기침도 없이 날 세우는 바람이
    어머님의 상처 난 가슴속으로 스쳐 가면
    속을 다 파먹고 자라는 어린 삼 남매가

　　　　진통제처럼 안겼던 그 긴 겨울밤

　　　　　　　　　　　　　—졸시 〈겨울밤〉 전문

　〈장날에 대한 기억〉, 〈개사초〉, 〈겨울밤〉, 〈부음〉 이런 제목의 시들이 어머님을 떠올리며 쓴 시입니다.

　　　　산그늘이 들판을 가로질러 드르누울 즈음이면
　　　　가난한 버드나무 늘어선 신작로 끝에
　　　　어머님은 멀리 산그늘 능선을 타고
　　　　보따리를 이고 돌아오셨다

　　　　　　　　　—졸시 〈장날에 대한 기억〉 중에서

　한 달 두세 번 어머님은 장날에 가시는 것이 유일한 나들이셨습니다. 어쩜 답답한 심정을 내려놓으시는 날이었을지도 모릅니다. 오시다가 꼭 외갓집에 들르시어 외할아버지께서 드실 생선을 사드리고 오셨습니다.

　보리타작에 모내기에 타들어 가는 목구멍에 물 한 모금 마실 여유도 없었던 무심한 하늘, 갈라진 논바닥에 밤낮 두레박으로 눈물을 아프게 퍼 올리던 밤 뜸북뜸북 뜸부기도 눈물로 달밤을 적셨다던 어머님에 대한 기억들이 서럽도록 많습니다. 젊어서 용서할 수 없었던 아버지. 학업까지 포기했던 그 옛날의 서슬 퍼런 적의도 모두 돌아가시고 나니 못난 마음에 응어리가 희석되고 용서가 됩니다. 이젠 마음 편해도 후회가 됩니다.

> 오뉴월 천 평 보리밭을 혼자 다 베어
> 눕히도록 안 오시네
> 눈물에 젖고 땀에 배인 어머님의 적삼
> 허리 펴며 바라보는 신작로엔
> 베갯머리송사는 다 잊으셨는지
> 무심한 아지랑이 춤만 추었다지요
> …중략…
> 야속한 세월 잊은 듯이
> 쓰라린 가슴 위에 산 하나 눌러놓고
> 두 분 나란히 누워계신 무덤가에
> 웬 할미꽃이 이리도 지천인지 경로당이 되었구나!
> 어머니 그래도 이젠 외롭지 않겠습니다
> 따뜻한 봄밤에 소쩍새가
> 밤새 울어도 슬퍼하지 마세요
> …하략…
>
> ―졸시 〈개사초〉 중에서

열일곱 살에 시집와서 젊은 시부모, 어린 시누이, 시동생 다섯 수발하며 자갈땅 같은 봉답에 허리 접고 시집살이 하시다가 온 가족이 일본으로 돈벌이 가셨다가, 해방으로 고향으로 돌아오셔 논밭은 늘이셨지만 호열자로 시부모 시누이를 잃었습니다. 법정 전염병에 초상도 없이 덕석말이로 지게에 지고 야밤에 묵정밭에 묻으시고 한없이 울었다던 어머님.

> 봉답에 허리 펼 날 없었던 한 생애
> 무시로 버둥거린 그 삶이
> 폭풍 같은 단말마적 돌림병에
> 살아남으려는 포효도 없이
> 아침 안개처럼 사라져
> 인정 없는 세상 혈자리도 아닌 묵정밭에
> 패철 한번 놓지 않고 흔적처럼 누웠네
> …중략…
>
> ―졸시 〈선영에 모시던 날〉 중에서

제대로 장사를 치르지 못한 후손들의 가슴에는 늘 죄인처럼 낙인이 새겨져 있던 못자리. 훗날 경자년 봄날 문중 땅 어름에다 이장을 하였습니다.

> 다시 일으켜 이승의 미련 내려놓고 가시라고
> 햇살도 서러워 백이산을 넘어가지 못하는 여기
> 이승의 흔적같이 유골함에 평장으로 뫼시니
> 선조들이 추구해 온 풍속을 거스르는

묘비석에 조탁된 자손 면목 없네
…하략…

—졸시 〈선영에 모시던 날〉 중에서

세월은 모든 것을 지우고 또 새로운 개벽으로 바뀔 세상 잘못 살았구나 후회되는 일이 한두 가지 뿐이랴. 가족 아닌 사람들에게는 관대하고 이해와 배려하면서 가까운 사람에게는 늘 엄격한 잣대를 들이대고 살았습니다.

손바닥만 한 작은 가슴
들여다보면 넓다

오욕칠정이 숨어
뜨기도 가라앉기도 하는 신비한 요술단지

언행에 따라
흐렸다 개였다
눈과 입에 풍년 흉년이 나기도 하는 곳

진실도 살고 거짓도 살며
웃음도 있고 눈물도 있는
가슴 한 뼘

> 넓은 세상 다 품으면서
> 사람 마음 하나 담지 못하는 속
> 들여다보면 참 좁다
>
> ―졸시 〈가슴 한 뼘〉 전문

 가까운 사람에게 입은 상처가 더 아플 텐데 가끔 바람 불면, 비가 오면 양철 지붕을 두드리듯이 온갖 것들이 날 두들겨 깨웁니다.
 그럴 때면 기억의 숲에서 아직도 자라는 것들을 붙들고 즉흥적으로 글을 씁니다. 지난 기억들에 의미를 부여하는 작업이 내 글의 밑바탕입니다.

 첫사랑 같은 사랑이 많았습니다. 첫사랑이라고 해서 꼭 사랑해서가 아닙니다. 사랑으로 가는 길은 오르막길 아니면 내리막길입니다. 천천히 다가가야 하는 길. 세상을 향해 부끄럼 없이 이름을 부를 수 있는 사람.
 온몸으로 사랑하다 지치고 싶은 사람이어야 합니다. 겨울나무처럼 비밀 하나 없이 다 드러내고 봄을 기다리는 나무처럼 새싹을 틔우는 것이어야 합니다.

> 바람과 햇살이 넘나드는 쇠목재
> 흰 산등성이에 연분홍 색실을 꿴
> 햇살이 한참 수를 놓고 있더이다

수작에 홀린 춘정이

산정으로 벌겋게 기어오르고

재재 목청 높인 수꿩이 산정만 살피더이다

자굴산과 한우산 어깨 건 두 봉우리

허심한 화심은 몸 단 산에 봄바람으로 부채질하고

봄볕은 타는 속을 더욱 붉게 태우고 있더이다

—졸시 〈쇠목재의 봄〉 전문

   그러나 살다 보면 사랑도 지칠 때가 있습니다. 아무것도 소유할 수 없는 썩어 문드러진 가슴과 고난의 상처 때문에 세월 어느 한 곳에 인질처럼 잡혀 먼 길을 업보를 안고 살아가야 합니다.

   늙어 갈수록 고향 생각이 자주 떠오릅니다. 6·25 전쟁의 격전지인 함안 군북 사촌 옛 지명은 사랑목입니다. 여항산, 오봉산, 백이산이 둘러싼 산촌이며 광산촌이었습니다. 논밭은 절골 골짝에서부터 논두렁 밭두렁이 구불구불 기어가고 절반이 하늘을 보며 짓는 천수답이며 졸시 〈얼음굴〉, 〈묵정밭〉, 〈원효암 가는 길〉의 배경이기도 합니다.

   대밭이 동네를 따라 바람을 막아주는 유년의 고향 연초록 같은 친구들이 많았던 곳. 된장 뚝배기 한 그릇에 다투어 숟가락질한 삼 남매.

밀밭이 있었고 타작마당이 있었고 나무를 하던 산이 있었고 소 먹이러 가던 추억이 있었습니다. 멱 감던 냇가, 참꽃 따 먹던 뒷산 감나무가 있었고, 봄밤 개구리의 떼울음, 뒷산 뻐꾸기 울음이 있었습니다.

      맹꽁이 꽈리 불 듯 울던 봄밤
      어둠이 벗어놓은 별이란 별 다 불 밝혀놓고
      삼 남매 도란도란 글을 읽고
      퇴창 너머 개구리 떼
      득시글득시글 밤새워 글을 읽던 앞들 논

                     —졸시 〈앞들 논에 봄빛이 들면〉 중에서

어쩌다 보니 글을 쓰게 되었습니다. 삶에 여유가 생긴 늘그막, 고등학교 문우였던 친구를 만났는데 그는 내가 밥벌이에 매몰되어 있던 시간에 문학을 잡고 있었습니다. 그의 시집을 받고 내공 쌓인 글에 신선한 충격을 받았습니다. 시가 좋아 문학청년 때는 같이 공부하기도 했는데 그는 생활하는 틈틈이 글을 놓지 않고 가까이하고 있었다니!

잠들어 있던 문학에 대한 갈망을 일깨워주는 기폭제가 되었습니다.

그가 권하는 시작법이나 시집을 닥치는 대로 읽고 관심을 가지고 창작 수업을 받았습니다. 내 나이 65세 그때부터 시를 쓰기 시작했습니다.

　아직도 생생한 기억으로 남아 있는 조언이 있습니다. "딱다구리는 먹이를 구하기 위해 쇳덩어리도 아닌 부리로 나무둥치를 온 산이 울리도록 수없이 쪼아댄다." 나의 글은 온 산이 울리도록 쪼아대는 노력도 없이 언제나 즉흥적이라서 깊이도 없고 다시 보면 고쳐 써야 하는 졸시.
　각고의 노력 끝에 등단하게 되었고 두 권의 시집을 상재했습니다.
　그리고 희열과 고통으로 태어난 자식들을 제3집 《무수한 기억의 숲》에 담아 세상에 띄워 보냅니다.

　내 졸시를 읽어주고 평해주는 친구 전홍준 선생, 나의 응원군 가족에게 감사드립니다.

경남시인선 241

무수한 기억의 숲
김근 제3시집

펴낸날	2025년 5월 30일
지은이	김 근
펴낸이	오 하 룡
펴낸곳	도서출판 경남
주소	창원시 마산합포구 몽고정길 2-1
연락처	(055)245-8818, fax.(055)223-4343
블로그	gnbook.tistory.com
이메일	gnbook@empas.com
등록	제1985-100001호(1985. 5. 6.)
편집팀	오태민 ǀ 심경애 ǀ 구도희
ISBN	979-11-6746-183-4-03810

ⓒ김근

＊잘못된 책은 바꿔 드립니다.
＊저자와 협의 인지 생략합니다.
＊이 책은 경상남도 GYEONGNAM 경남문화예술진흥원의 문화예술지원을 보조받아 발간되었습니다.

〔값 12,000원〕